কোপাই নদীর তীরে

মহঃ রাজু

যে অপূর্ণ বিশ্বাস কোনোদিন আমার ছিলো। যে বিশ্বাসকে একদিন আমি ভালোবেসেছিলাম। যে বিশ্বাস একসময় আগলে রেখেছিলো আমায় জড়াগ্রস্থ শরীরে কিংবা মনখারাপের একলা রাতে ।

বিষয়বস্তু

বিষয়বস্তু

বিষয়বস্তু

বিষয়বস্তু

বিষয়বস্তু

ভূমিকা

এই কাব্যগ্রন্থের প্রত্যেকটি কবিতা মূলত প্রেম ভাবের কবিতা , আরও নির্দিষ্ট করে বলতে গেলে বিরহ পর্বের। এই কাব্যগ্রন্থের প্রতিটি কবিতা বর্তমান সময়ে প্রেক্ষাপটে লিখিত। তাই আশা রাখছি কবিতাগুলি পাঠকদের আরো বেশি আপন লাগবে। কবিতার নামটা আসলে খুব ভেবে চিন্তে দেওয়া। আমার শান্তিনিকেতনে গিয়ে একবার কোপাই নদীর তীর দেখার সৌভাগ্য হয়েছিল রাতের বেলা। এরকম অপূর্ব সৌন্দর্য শব্দের মাধ্যমে ব্যাখ্যা করা খুবই মুশকিল। নিকষ কালো অন্ধকার ঘেরা চারপাশে সুস্পষ্ট জোনাকির ঝাঁক আর সাথে কোপাই নদী। এই অপরূপ দৃশ্য দেখে আমি এতটা অভিভূত হয়ে পড়ি যে । প্রথমে কোপাই নদী সম্পর্কিত একটি কবিতা লিখি , ও তার প্রায় পরবর্তীতেও স্থির করি , আমার প্রথম কাব্যগ্রন্থের নাম কপসি নদীর নামেই হবে ।

আশা করবো পাঠকদের কাছে কোপাই নদীর তীরের মতোই এই কাব্যগ্রন্থটিও যেনো নান্দনিক বলে বিচার্য হয়। অন্য সকল কবিতার থেকে এই কবিতাগুলোএকটু আলাদা। এগুলো একটু বেশিই ব্যাক্তিগত অনুভূতি দ্বারা অনুপ্রাণিত লেখা। এই কাব্যগ্রন্থের প্রত্যেকটি পাতায় লেগে রয়েছে অজস্র চোখের জল, দুঃখ , ও বেদনা ।

আশা করবো আপনাদের মনঃপুত হবে।

মহ: রাজু

২৭.০৮.২২

স্বীকার

এই কাব্যগ্রন্থের অন্তর্গত প্রত্যেকটি কবিতা একজন ব্যাক্তির দ্বারা অনুপ্রাণিত। সেই ব্যাক্তিটি যদি আমার জীবনে না থাকতেন, অথবা সে প্রতক্ষ ও পরোক্ষ ভাবে আমাকে যে যে অভিজ্ঞতার সামনে সম্মুখীন করিয়েছিলেন সেই সব অভিজ্ঞতাগুলো ছাড়া এই কাব্যগ্রন্থের একটি কবিতাও লেখা সম্ভব হতো না। তাই আমি বিশেষভাবে কৃতজ্ঞ সেই মানুষটির জন্য , এবং তাঁর আমাকে প্রদত্ত সবকিছুর জন্য।

প্রস্তাবনা

যেখান থেকে খুব ধুমধামে,
শুরু হয়েছিলো সব।
যে বাগানের কাটা গাছের কাঠ দিয়ে,
তৈরি হয়েছিলো আমাদের ছোট্ট সংসারের আসবাব।
সেখানেই না হয় হোক, সব না লেখা চিঠির ইতি,
সেখানেই ছিন্ন হোক আমাদের প্রেমের সব রীতি।

“

"জেদী স্মৃতিরা যখন করবে,
তোমার মাথায় ভিড়।
তুমি কি , দেখবে আমার সঙ্গে,
কোপাই নদীর তীর।"

”

"জীবনের অদ্ভুত এই খেলাঘরে
আমি বার বার কেবল যাই আর আসি
আমি বরাবরই ভীষণ বৃষ্টি বিলাসী।"

1. ।। বিশেষ দিন ।।

আমি জানতাম, আজ ভীষণ বৃষ্টি হবে।
অতীতের উৎসবমুখর কোলাহলের দিন,
ম্লান হবে একদিন একান্তে নীরবে।
যে যজ্ঞ শুরু হয়েছিলো অতি ধুমধামে,

যাদের নিবিড়তার কাহিনী ভেসে বেড়াত সুনাম অথবা দূর্নামে,
নিভে যাবে আজ সেই অগ্নির অন্তিম দহন,
ছাই হবো আমি, ছাই হবে এ জগত সংসার,
চোখের তারা ধূসর হবে, ব্যথা জমবে বুকের বামে।

আমি জানতাম আজ ভীষণ বৃষ্টি হবে,
সবকিছুই এক না একদিন ঠিক শেষ হবে।

~ মহঃ রাজু, ২৮.০৩.২১

2. ।। জীর্ণ আসবাব ।।

যেখান থেকে খুব ধুমধামে,
শুরু হয়েছিলো সব।
যে বাগানের কাটা গাছের কাঠ দিয়ে,
তৈরি হয়েছিলো আমাদের ছোট্ট সংসারের আসবাব।
সেখানেই না হয় হোক, সব না লেখা চিঠির ইতি,
সেখানেই ছিন্ন হোক আমাদের প্রেমের সব রীতি।

ভালবাসায় আর জেদ নাই বা করলাম,
তোমাকে নয় আর নাই বা ছুঁতে পারলাম।
তোমার ঠিকানায় আর নাই বা চিঠি লিখলাম,
তোমাকে পাওয়ার আশায়,
তোমাকে আর নাই বা ভালোবাসলাম।

~ মহঃ রাজু, ২৮.০৭.২১

3. ।।স্বপ্নভঙ্গের উত্তাপ।।

কতবার উন্মাদের মত
ছুটে গেছি তাঁর দ্বারে,
দ্বার রুখে দাঁড়িয়েই ছিলো প্রতিবারে,
খোলোনি দ্বার সে একবারও।

চেস্টা জানো, তবুও ছাড়িনি আমি তৎক্ষণাৎ
ব্যার্থ প্রয়াস করেছিলাম সহস্রবার;
শেষে আমিও ক্লান্ত হলাম
বাস্তবে ফিরলাম, স্বপ্ন হারালাম,
আশা ছাড়লাম, আমার নষ্ট ক্যানভাসে স্নিগ্ধতার ছবি আঁকবার।
নিখুঁত পারিপাট্যে প্রতিবার, ভেঙে যাওয়া ঘর নবরূপে সাজাবার ।

~মহ: রাজু , ২৭.০৮.২২

4. ।।প্রেম চাই বিজ্ঞাপন ।।

চারিদিক কেবল ভরে গেছে
প্রেম চাই - প্রেম চাই বিজ্ঞাপনে,
তবুও কেউ হতে চায় না অংশীদার
ভীষণ আত্মত্যাগ অথবা তীব্র সমর্পনে ।

হিসেব মেলা ভার
বসন্ত প্রাপ্তির দুর্ভিক্ষে
উজাড় হলো কত গ্রাম - শহর ,
কত যুদ্ধে হারলাম আমি
কত বার ডুবলো আমার সাধের নৌবহর।

~ মহ: রাজু ,০৩.০৮.২১

5. ।। পথিক ।।

আমরা বোধয় হবো না কোনোদিন,
এক আকাশের পথিক।
আমাদের পথ রয়ে যাবে ভিন্নই,
চেয়ে রব আকাশের তরে বুঝবনা ভাবগতিক।

অভিন্ন পথই কেবল করে না,
আবদ্ধ দুই পথিক দের।
অন্তিম পথের পথিক তারাই হয়,
ধৈর্য্য , বিশ্বাস, ভালোবাসা থাকে যাদের ।

কেউ কেউ হয় না দীর্ঘ পথের পথিক,
হঠাৎ থেমে যায় তাদের পথ চলা।
কেউ কেউ তাদের যাত্রা থামায় মৃত্যুর পরই,
কিছু পথিকেরা হয়ে যায় অচেনা বন্ধ তাদের কথা বলা।

~ মহ: রাজু , ১২.০৯.২১

6. ।।তবে তুমি আমায় ডেকো।।

যদি কখনো ঝিনুক কুড়ানোর ইচ্ছা হয় সাগরে,
তবে তুমি আমায় ডেকো।

যদি পাহাড়ি কোনো নির্জন রাস্তায়
প্রয়োজন পড়ে কারও হাতের উষ্ণ ছোঁয়া
তবে তুমি আমায় ডেকো।

গ্রীষ্মের পড়ন্ত বিকেলবেলায় একলা ঘরে
যদি তোমার মন কেমন করে ,
তবে তুমি আমায় ডেকো।

যদি জীবনের হারিয়ে যাওয়া কোন
অসমাপ্ত অধ্যায়ঃ ফেরত পেতে ইচ্ছা হয়,
তবে তুমি আমায় ডেকো।

যদি মনখারাপের একলা রাতে

জাপটে ধরে কাঁদতে ইচ্ছে হয় ,
তবে তুমি আমায় ডেকো ।

যদি দিতে ইচ্ছে হয় আবার কোনো তীব্র ব্যাথা
অথবা কোনো চিরসবুজ ক্ষত,
তবে তুমি আমায় ডেকো ।

যদি আবার ভালোবাসার
নাম করে করতে ইচ্ছে হয় তীব্র অবহেলা
তবুও তুমি আমাকেই ডেকো।

যদি দিতে ইচ্ছা হয় আবারও কোন তীব্র ব্যথা
বা চিরসবুজ ক্ষত তবুও
তুমি আমাকেই ডেকো ।।

~মহ: রাজু , ২৮.০৩.২১

7. ।। ভাগ্যিস তুই ছিলিস ।।

ব্যার্থতার অতল সাগরে,
আমি যখন এক দিকভ্রান্ত নাবিক।
মধসমুদ্রে আশ্বাসের বাতিঘর হয়ে ,
ভাগ্যিস তুই ছিলিস।

বিরহের বন্যায় আমি যখন,
পা থেকে মাথা পর্যন্ত নিমজ্জিত।
বাঁচার আশ্বাসে খুঁজছি খড়কুটো,
এক সরকারি ত্রাণ শিবির হয়ে,
ভাগ্যিস তখন তুই ছিলিস।

চারিদিক যখন আঁধার
রাহুর অন্ধকার আমায় যখন করেছে গ্রাস
ভোরের সূর্যোদয় হয়ে
ভাগ্যিস তুই তখন ছিলিস।

~ মহ: রাজু , ২৩. ০৬.২২

৪. ।। আমার প্রেমিকা ।।

আমার প্রেমিকা গম্ভীর ভীষণ,
বিনা কারণে সে হাসে না ।
আমার প্রেমিকা আত্মসম্ভ্রমী খুব,
মিনতি ছাড়া , কেবল স্বেচ্ছায়,
সে ফিরে ফিরে আসে না।

আমার প্রেমিকা শিল্পী ভীষণ
একটি খামখেয়ালী , একটু বেহিসেবী।
গাম্ভীর্যের আড়ালে ভীষণ স্পর্শকাতর সে,
সেও স্বল্পভাষী , স্নিগ্ধ লাজুক স্বভাবী।

আমার প্রেমিকা রূপকথাময় স্বপ্নে হয় না বিভোর,
সবসময় সে ভীষণ বাস্তববাদী,
তীব্র বিপর্যয়ে সবাই যখন হতাশায় নিমজ্জিত,
তখনও সে ছাড়ে না হাল,
তখনও সে অবিচল আশাবাদী।

আমার প্রেমিকা ব্যাস্ত ভীষণ,
লক্ষ্যে না পৌঁছে সে থামে না।

ভাগ্যের নির্মম পরিহাসে আমার প্রেমিকা,
আমাকে ভালো বাসে না।

~ মহ: রাজু , ১২.০৯.২১

৭. ।। আমার আমি ।।

মনের মধ্যে ক্ষিপ্ত ক্রান্তি
মুখে তার স্নিগ্ধ প্রশান্তি,
কখনো সস্তা , কখনো দামী।
কখনো খোশমেজাজী , কখনো আত্মসম্ভ্রমী
এই সব মিলিয়েই আমার আমি ।

~ মহ: রাজু , ২৩.০৯.২১

10. ।। লাভ - ক্ষতির ক্ষতিয়ান।।

এখন আর মন থাকে না
বাস্তবহীন রূপকথাময় স্বপ্নে বিভোর,
এখন ধীরে ধীরে মিলতে শুরু করেছে
জীবনের লাভ - ক্ষতির ক্ষতিয়ান।

আগে কখনো কষে দেখিনি
জীবনের পাতায় জটিল এই লাভ - ক্ষতির গণিত
উপলব্ধি হলো দীর্ঘ পরে
জীবনে কেবল লাভ - ক্ষতিই ধ্রুবক, মানুষ থাকে ক্ষণিক ।

~ মহ: রাজু ,১৭.০৮.২২

11. ।। চিরসবুজ স্নিগ্ধতা ।।

হাত গুলো বদলে গেলেও,
হাত ধরার অনুভূতিটা একই থাকে।

অভিমানী মুখগুলো বদলে গেলেও,
অভিমানের তীব্রতা একই থাকে ।

প্রাক্তনদের নাম বদলে গেলেও ,
বিচ্ছেদের বেদনা একই থাকে।

বছর বছরে পাশে থাকা মানুষটা বদলে গেলেও,
ম্যাডক্সের আলোর রোশনাই একই থাকে।

ভালোবাসার মানুষগুলো বদলে গেলেও,
ভালোবাসার স্নিগ্ধতা চিরকাল একই থাকে।

~ মহঃ রাজু , ২৫.০৩.২১

12. ।। কেমন আছে সে ।।

কেমন আছে সে ?
কে ? তোর মনে আনাগোনা আজকাল যার,
যার সাথে বেধেছিস তোর সাধের ঘর।

আচ্ছা ? সেও কি বৃষ্টিতে ভেজে তোর সাথে ?
বায়না জোরে রাত জেগে গল্প করার ?
একা কোথাও বেরোলে,
চিন্তায় ফোন করে খোঁজ নেয় তোর বারবার ?
খাওয়া দাওয়ায় অনিয়ম করলে রাগারাগি করে সে ?

সে থাকে তোর ছোট বড় সব সাতে পাঁচে ?
সেও কি কেবল তোকে আঁকড়ে ধরেই বাঁচে ?

সেও কি ভীষন তুই অন্তঃপ্রাণ ?
পড়াশুনায় ফাঁকি দিকে বকুনি দে সে ?
দূর দূর করে তাড়িয়ে দেওয়ার পড়েও,
সেও কি বার বার ফিরে ফিরে আসে ?

এখন তো শাড়িটা দিব্যি পড়িস,
আমার বেলায় ছিলো যত অজুহাত।
আপন হয় পর , পর হয় আপন,
সবাই সময়ের সমপাত।

এখন তো তোর মনে অন্য কারোর বাস,
তাই তো আমি করা ছেড়েছি ,
মিথ্যে কথার শহরে পরবাস।

~ মহ: রাজু , ২৬.০২.২১

13. ।। রাতেরা ।।

রাতেরাও জাগে আমার সাথে
হয়তো তারা থাকে খুবই নীরব,
তবুও যখন নিঃসঙ্গতা করে গ্রাস
রাতেরাই হয় আমার জন্য তখন সরব।।

রাতেরা দেয়না কোনো সতেজ ক্ষত
স্মৃতিরা যখন ভিড় করে এসে
একে একে দেয় রুদ্রানি বেদনা,
রাতেরাই তখন হয় আমার সমব্যাথী
হয়ে যায় এক সহজাত পথিক
অচেতন মনকে ফিরিয়ে দেয় চেতনা।।

মহঃ রাজু , ১৯.০৪.২২

14. ।। মৃত্যুর স্নিগ্ধতা ।।

নির্জন ফাঁকা গোরস্থান,
ধু ধু প্রান্তর জুড়ে কেবল মৃত্যু উপত্যকা,
যেমন সভ্যতার প্রত্যেকটি দেওয়ালে মৃত্যুর প্রতিচ্ছবি আঁকা।

শত রাগ- অভিমানের কোলাহলের মাঝে,
এ এক স্বর্গীয় নীরবতা,
যে নীরবতা মৃত্যুর মতোই স্নিগ্ধ,
যে নীরবতা মৃত্যুর মতোই আকর্ষণীয়।

~ মহঃ রাজু, ২১.০৯.২১

15. ।। চন্দ্রহার ।।

তাকে আমি এমনভাবে চেয়েছিলাম
যেমনভাবে কোনো সদ্য কিশোরী চায়,
তার মায়ের গলার চন্দ্রহার ।

তাকে আমি এমনভাবে খুঁজেছিলাম
যেমনভাবে কোনো স্থিমিত নদী খোঁজে
তার হারিয়ে ফেলা স্তব্ধ চরাচর ।

~মহ: রাজু ,২৯.০৪.২২

16. ।। কেউ কেউ কথা রাখে ।।

কেউ কেউ কথা রাখে ,
অসীম ছায়াবৃত্তের মাঝেও কেউ কেউ রোদ মাখে
হাজার বুদ্ধিমানের ভিড়েও কেউ কেউ মূর্খামি করে
নানা রকম বিকল্প থাকা সত্ত্বেও কেউ কেউ সর্বহারাকেই আপন করে ।।

অসহ্য অবহেলা , অপমানের পরেও এরা সাথে থাকে ,
রাজপ্রাসাদকে তুচ্ছ করে , ঠাঁই খোঁজে কুড়েঘরের বাঁকে ,
প্রিয়ের উজ্জ্বল ভবিষ্যতের আশায় এরা নিজ ইচ্ছা আকাঙ্খা ত্যাগ করে ,

কেউ কেউ তোমার জন্য পুরো পৃথিবীর সাথে লড়ে ।।
কেউ কেউ ক্ষণিকের সাথী , কেউ কেউ ছেড়ে যায় পথে ,
যুগের পরে যুগ কাটলেও মানুষ এখনও কথা রাখে ।।

~ মহ: রাজু , ২১.০৬.২১

17. ।। অপারগতা ।।

তুমি আমায় ভুলে যেও
রেখোনা অবশিষ্ট কোনো বেমানান স্মৃতি,
বিগত দিনের কেটে যাওয়া দিনগুলিকে
ভুলে গিয়ে ঘটিয়ে ফেলো আত্মবিস্মৃতি।

যদি থেকে যায় আমার কোনো অবাঞ্ছিত স্মৃতি
ছুঁতে পারবে না তুমি নির্মম স্বার্থপরতা ,
দীর্ঘ দিনের ভালোবাসা , ভালোরাখা ভুলর
মনে রাখতে পারবে না কেবল
আমার সব ভীষণ অপারগতা।

মহ: রাজু , ২৯.০৪.২২

14. ।। আত্মবিস্মৃত ।।

আজকাল তাঁর কথা আর তেমন মনে পড়ে না
তাঁর স্মৃতিরা জেদী শিশুর মতো,
আর ফিরে ফিরে আসে না

তাঁর ভাবনা আমায় আর মালার মতো
গাঁথে না প্রাণপণে ,
তাকে নিজের করে পাওয়ার জন্য
মন আর নামতে চায় না কোনো রক্তক্ষয়ী সমীরণে।

তার গলার স্নিগ্ধ স্বর
আমার চিত্তে আর বজায় না বাঁশি,
মন এখন আর আগের মতো তীব্র করে বলেনা
হাজার অপমান ,অবহেলায় পরেও
বার বার তার কাছে ফিরে আসি ।

মহ: রাজু , ২১.০৪.২২

19. ।। প্রত্যাখ্যানের উতপ্ততা ।।

তার দিকে হাত বাড়ালাম,
কিন্তু সে আমার হাত ধরলো না।

আমি তাকে ডাকলাম; বার বার,
সে ডাক শুনেও সাড়া দিলো না।

তাঁকে আমার এক পশলা বৃষ্টিতে,
ভেজাতে চেয়েছিলাম অকস্মাৎ,
কিন্তু সে তার বিশাল অট্টালিকা থেকেই বেরোলো না।

~ মহঃ রাজু , ০৬.০৭.২১

20. ।। অগোছালো ঘর ।।

ভাবছি একটু অগোছালো হবো
ঘুঁচিয়ে দেবো নিখুঁত এ পরিপাট্য,
ভালোমানুষির বাঁধন ছেড়ে
চোখে চোখ রেখে দেখিয়ে দেবো ঔদ্ধত্য ।

আর ভালো লাগে না ,
সব এত সাজানো গোছানো।
নিজের ভালোলাগা তুচ্ছ করে,
অন্যের মনের মতো হয়ে দেখানো।

~ মহ: রাজু , ০২.০১.২২

21. ।। মনে আছে।।

মনে আছে ? পরিত্যাক্ত বাসস্ট্যান্ডে,
একে - অপরের দিকে তাকিয়ে মুগ্ধতার দিনগুলি ?

মনে আছে প্রথম বারের মত,
একে - অপরের মধ্যে নিজেকে খোঁজা ?

মনে আছে দিলখুশা কেবিনের,
স্বর্ণালী দুপুর গুলো ?

মনে আছে তোর ? মন খারাপের একলা রাতে,
আমার দেওয়া আধুলি নিয়ে,
নিজেকে জুড়ে নেওয়ার দিনগুলি।

মনে আছে ভিড় লোকাল ট্রেনে,
আমার তোর বর্ম হয়ে যাওয়া দিনগুলি ?

মনে নেই ! মনে না রাখাইতো ভালো,

মনে রাখলেই তো কৃতজ্ঞ থাকার ভীতি।
তাইতো প্রাক্তন দের ভুলে যাওয়া,
এ শহরের রীতি।

~ মহ: রাজু , ২৮.০৮.২১

22. ।। মহাপ্রস্থান করল সে একা ।।

রাস্তার শেষ প্রান্তে,
এক পথিক দাঁড়িয়ে।
তাকে কেউ ভালোবাসেনি,
কেউ খুব সহানুভুতি ভরে,
বাড়িয়ে দেয় নি তার দিকে হাত।

কিজানি আশা নিয়ে , নাকি নির্লিপ্ত ভাবে,
কিছুক্ষন সে ঠায় দাঁড়িয়ে রইলো।
তারপর, সে যেভাবে নিঃশব্দে এসেছিল,
বঞ্চিত হৃদয় নিয়েই,
সেভাবেই মহাপ্রস্থান করল সে একা।

~ মহঃ রাজু , ০৮.১১.২১

23. ।। কত অলীক স্বপ্নে ভেসেছিলাম ।।

কত রূপকথার গল্প লিখেছিলাম।
কত অলীক স্বপ্নে ভেসেছিলাম।
কত মন খারাপের একলা রাতে,
কেবল তাঁর ছবির দিকে তাকিয়ে হেসেছিলাম।

আমার জীবনে আবছা ধূসর ক্যানভাসে,
তাঁকে নিয়ে কত রঙিন ছবি এঁকেছিলাম।
বিরহ পর্বে তাঁকে নিয়ে,
কত আকাশ - পাতাল ভেবেছিলাম।

কতরাত তাঁর অপেক্ষায় কাটিয়েছিল।
অবশেষে নিজেকে নিজেই বুঝিয়েছিলাম।
মলিনতার বিদায়বেলায়ও আমি তাঁর সুনাম করেছিলাম।
কেনো ? আমি যে তাঁকে ভালোবেসেছিলাম।

মহঃ রাজু , ২৩.০৮.২১

24. ।। তোমার ডাকে ঘরছাড়া ।

যে তোমার ডাকে দিয়ে সাড়া
হয়েছিল ঘরছাড়া,
তোমার প্রেমে পাগল হয়ে
যে হয়েছিল ছন্নছাড়া ।

চক্ষু মেলিয়া দেখো তো হে
আমিই কি সে ,
নিজের পাওয়া আধুলি তোমায় দিয়ে
একটু একটু করে জুড়েছিল যে।

~ মহ: রাজু , ১৪.০৫.২১

25. ।। স্বপ্নভঙ্গের বেদনা ।।

দীর্ঘ সময় ধরে,
লালন করা স্বপ্নভঙ্গের মতো।
তীব্র বেদনা বোধ হয়,
এ জগতে আর নেই।

যে দুটি চোখে কোনো একসময়ে ,
থাকতো ভালোবাসার সজলতা।
সেই চোখেই ঘৃণার বিচ্ছুরণ দেখার মতো,
অসীম ব্যার্থতা বোধ হয়,
এ জগতে আর নেই।

~মহ: রাজু , ২৫.০৮.২২

26. ।। প্রিয় ঝড় ।।

সে শিল্পীর জীবনে,
এক নিয়মমাফিক সময়সূচী,
হয়ে এসেছিলো।

কোনো ফাঁকা কুঁড়েঘরের পাশে,
সে কালবৈশী ঝড় হয়ে এসেছিলো।

কোনো পর্বতারোহীর জীবনে,
সে সুগভীর মৃত্যুখাত হয়ে এসেছিলো।

কোনো এক সদ্য কিশোরের জীবনে,
সে তার প্রথম প্রেম হয়ে এসেছিল।

~ মহ: রাজু , ১২.০৯.২২

27. ।। বিরক্তিকর একঘেয়ে চাকরির দপ্তর ।।

বিরক্তিকর একঘেয়ে চাকরির দপ্তরে,
যখন সময়ের দোলাচলে নেওয়া যায় না অবসর,
তখন তুমি আমার স্বেচ্ছা অবসর হয়ে এসো।

অংক পরীক্ষায় যখন পাস করাও দুঃস্বপ্ন মনে হয়,
হাজারো না মেলা বীজগণিতের ভিড়ে.
তুমি কোনো পরিচিত উপপাদ্য হয়ে এসো।

চন্দ্রগ্রহণের নিঝুম মধ্যরাতে,
প্রেমহীনতার অন্ধকারে যখন আঁধার চারিদিক,
তখন তুমি কোনো উজ্জ্বল ধ্রুবতারা হয়ে এসো।

~ মহঃ রাজু, ২৩.০৩.২১

28. ।। অধরা স্বপ্ন ।।

তোমার উপহার দেওয়া বই,
অসীম ভালোবাসা ও যত্নে,
রেখেছিলাম করে শক্ত অব্যার্থ বাঁধাই।

তখন কি একটুও বুঝেছি ,
এত শত করেও,
তোমার হৃদয়ে আমার সুতোর বাঁধন ।

থেকে যাবে আমার অধরাই।
আগে জানলে কি আর আমি,
এতো যত্নে স্মৃতির আধুলি জমাই

~ মহঃ রাজু , ১২.০৯.২১

29. ।। শূন্যে ভাসা রাত্রি ।।

সে একদিন বলেছিল ,
তাঁর অত বড় উপন্যাস পড়ার ধৈর্য্য নেই।
আমি সেদিন প্রথম ,
তাঁর জন্যে ছোট গল্প লিখলাম।

সে একদিন বলেছিল,
কলো পাঞ্জাবির থেকে রঙিনে আমি বেশি মানানসই।
আমি তারপর প্রথম,
লাল রঙের পাঞ্জাবি পড়লাম।

সে একদিন বলেছিল,
বড়ো ঝাঁকড়া চুল আমার সাথে বড়ই বেমানান।
আমি তারপর হঠাৎ একদিন,
চুল ছোট করলাম।

সে কেবল একবার বলেছিলো,
সিগারেটের কটু গন্ধ তাঁর একেবারে সহ্য হয় না।

তারপর শুরু হলো নিজের শরীরের সাথেই দ্বন্দ্ব।
সেদিন থেকে সিগারেটও ছাড়লাম।

সে হঠাৎ একদিন বিদ্রোহ করে বলে উঠলো,
আমার জীবনে তুমি এখন খুবই বেমানান।
কি ভাবছেন ? এক কথায় তাঁকেও ছাড়লাম,
না ! আমার মধ্যে অত বীরত্ব কোথা।

তাঁকে শেষবারের মতো থেকে যাওয়ার জন্য ,
করেছিলাম তীব্র কাকুতি।
কিন্তু কি লাভ,
যে ছেড়ে যেতে চায় সে তো ছেড়ে যাবেই।

তাইতো জীবন কখনো পূর্ণ ,
কখনো আবার আধা।
কখনো এ জীবন নিকষ কালো,
কখনো আবার জমকালো সাদা।

~মহ: রাজু , ২৬.০৮.২১

30. ।। প্রেমিক হৃদয়ের আর্তনাদ ।।

বিচ্ছেদ আর হলো কই
এখনো তো আমরা এক আকাশের তরেই চেয়ে রই,
নক্ষত্র দর্শনের অভিলাষে,
একই পৃথিবীতে তো বাস আমাদের
আমরা তো যায়নি এখনো পরবাস।
একই সুরে তো এখনো বাঁধি গান,
বাড়িঘর ভাঙে এখনো একসাথেই আমাদের এসে হরপা বান।

পূর্ণিমার রাতে একই চাঁদ সেও তো দেখে,
মাটি ভেজা প্রথম বৃষ্টির ঘ্রাণ সে তো আজও মাখে।

জ্ঞানীরা বলবেন এসব কথা কাব্যিতেই সাজে
এসব শক্ত কথা আমিও জানি , দূরত্ব যে আছে সে আমিও মানি ।

কিন্তু কি বলুনতো , শতবার জুটলেও প্রাক্তন আখ্যা ,
প্রেমিক হৃদয় এত শক্ত কথা মানতে কি চায়,

সম্পর্কের মৃত্যু ঘটলেই বোধ হয়
ভালোবাসো অমর হয় ।

~ মহঃ রাজু , ৩০.১২.২২

31. ।। শয্যা যে কন্টকসজ্জা ।।

কি করে মন মেনে নেবে,
সেই দুই চোখের ,
তীব্র অমোঘ ঘৃনা,
যে দুটি চক্র ছিলো কোনোদিন,
আমার ভালবাসার সজলতা।

যে বাগানে খুব যত্ন করে,
ফুঁটিয়ে ছিলাম সাধের মাধবীলতা।
সেই বাগান আজ শূন্য আরণ্যক,
সেখানে শুধু আজ কন্টক লতা।

~ মহঃ রাজু , ২০.১২.২১

32. ।।ভালবাসায় কিভাবে পাগল না হয়ে থাকা যায়।।

জানি না, আমি কিছুই জানি না ।
আমি জানি না , আবেগহীন ভালোবাসতে।
আমি জানি না , তোমার মত করে তোমাকে ভালোবাসতে।
আমি জানি না , ভালবাসায় কিভাবে
পাগল না হয়ে থাকা যায়।

আমি জানি না, কর্দমাক্ত বৃষ্টিস্নাত মনে ,
খুব সন্তর্পনে নিজের স্মৃতিচিহ্ন রাখতে।

জানি না , আমি কিছুই জানি না,
জানার এখনো আমার ঢের বাকি।
তোমার নির্লিপ্ত চলে যাওয়ার পরে,
মন দিয়ে করা হয়ে উঠলো না কিছুই,
সবকিছুই আমার যেনো ফাঁকি ।

~ মহ: রাজু , ২৮.০৯.২১

৩৩. ।। আমি কিচ্ছুই জানি না ।।

জানি না, আমি কিচ্ছুই জানি না ।
আমি জানি না , আবেগহীন ভালোবাসতে।

আমি জানি না , তোমার মত করে তোমাকে ভালোবাসতে।
আমি জানি না , ভালবাসায় কিভাবে
পাগল না হয়ে থাকা যায়।

আমি জানি না, কর্দমাক্ত বৃষ্টিস্নাত মনে ,
খুব সন্তর্পনে নিজের স্মৃতিচিহ্ন রাখতে।

জানি না , আমি কিচ্ছুই জানি না,
জানার এখনো আমার ঢের বাকি।
তোমার নির্লিপ্ত চলে যাওয়ার পরে,
মন দিয়ে করা হয়ে উঠলো না কিচ্ছুই,
সবকিচ্ছুই আমার যেনো ফাঁকি ।

~ মহ: রাজু , ২৮.০৯.২১

34. ।। ভালোবাসতে হলে ভালোবাসতে জানতে হয়।।

ভালবাসায় বোধ হয়,
একটু কদর করতে জানতে হয়।
হয়তো একটু হলেও,
স্বস্তির নিঃশ্বাস দিতে জানতে হয়।

ভালোবাসলে বোধ হয়
একটু উন্মাদ হতে হয়।
আঁকড়ে ধরতে হয় তাঁকে প্রনপ্রণে।
প্রতিরোধ গড়তে হয়,
তাঁর দিকে আগুয়মান সব আক্রমণে।

ভালোবাসলে নিঃস্তব্ধতার ভাষাও,
বুঝতে হয় একাগ্র ভাবে।
ভালোবাসলে স্বতস্ফূর্ত ভাবেই ,
নিশ্চিত বদল আনতে হয় স্বভাবে।

ভালোবাসতে হলে তাঁকে এক,

উন্মুক্ত আকাশ দিতে জানতে হয়।
সর্বোপরি কাউকে ভালোবাসতে হলে,
ভালোবাসতে জানতে হয়।

~ মহ: রাজু , ২৪.০৭.২১

35. ।। নিঃসঙ্গ একজন ।।

এখনো দীর্ঘ পথের,
পথিক হওয়া ছিলো আমাদের বাকি।
অদৃষ্টের ইচ্ছে ছিলো ভিন্নই,
আজও এই আকাশপথে আমি দাঁড়িয়ে আছি একাকী।

তারারাও এখন আমার নিঃসঙ্গতা দেখে ,
করতে ভোলেনা নির্মম সব পরিহাস।
চোখের কোনে এখন মাঝে মাঝেই জমে মেঘ,
তারপর মেঘ হঠাৎ ঝড়ে পড়ে,
দেয়না কোনোরূপ আগাম পূর্বাভাস।

~ মহঃ রাজু , ২৪.০৫.২২

36. ।। প্রেমের বর্ষণ কি পুনরায় হবে ।।

বহুকাল অপেক্ষায় রয়েছে ,
বৃষ্টির অপেক্ষায় চাতক পাখির মতো।
হেমসুরভিত আর্দ্রতার ছোঁয়ায়,
দিনগুলি কাটে যেনো
খরার মতোই বেমানান।

প্রেমাতুর নয়নে প্রেমের বর্ষণ,
হয়তো আর হবে না।
বৈশাখীর স্নিগ্ধ গরলে,
আমার বৃষ্টিস্নান বোধ হয় আর হবে না ।

~ মহ: রাজু , ১২.০১.২১

37. ।।রেখোনা কোনো স্মৃতি অক্ষত ।।

যদি আমাকে ভুলে যেতে,
তোমাকে পেয়েও হয়,
তীব্র কোনো দুর্বিসহ ক্ষত।

তবুও আমি এটাই বার বার বলবো
তুমি আমায় ভুলেই যেও
রেখোনা কোনো স্মৃতি মনের আঁধারে,
রেখোনা আমার কোনো স্মৃতি অক্ষত ।

~ মহ: রাজু , ৩১.১২.২১

৩৪. ।। জীবনের খেলাঘর।।

জীবনের এই অদ্ভুত খেলাঘরে
ঘটবে অনেক অতিথির আগমন,
শুষ্ক মায়াহীন মরুভূমিতে নিম্নচাপ নামিয়ে
জুড়িয়ে দেবে তারা তোমার মন ।

তবে একটা কথা রেখো মনে
অতিথিরা বড্ড ক্ষণিকের সাথী,
কিছুদিন দুর্নিবার মায়ার জালে বেঁধে
সময় ফুরোলেই তারা দেবে ফাঁকি ।

~ মহঃ রাজু , ৩১.১২.২১

39. ।।সবাই তারা মানুষ।।

কেউ ছিনিয়ে নেয়,
কেউ ফিরিয়ে দেয়।
কেউ দেয় তীব্র ক্ষত,
আবার কেউ খুব সন্তর্পনে,
সেই ক্ষতে লাগায় ,
মায়া ভরা অমোঘ প্রলেপ।

মানুষ তো বোধ হয় সকলেই ,
তবে পার্থক্যটা কীসে ।
কারোর আগমনে জীবনের হিসেব সহজ,
কেউ বা হারিয়ে দেয় শান্ত এ জীবনের দিশে ।

~ মহ: রাজু , ০৬.১৬.২১

40. ।। তোমার অপেক্ষায়।।

ঈদের চাঁদ এসে ফিরে গেলো কতবার ,
ছিন্নপ্রায় হলো কত ক্যালেন্ডার।
তোমার অপেক্ষায় বহুবার,
আমার ঠিকানা হয়েছিলো,
তোমার নগরের সিংহদ্বার।

তবুও তুমি এলেনা একবারও,
সাক্ষাৎ হলোনা আমাদের সেবারও।
সাদা পোশাক পড়েছিলাম যেবার,
যেবার প্রতিজ্ঞা করেছিলাম আর না ফেরার।

~ মহ: রাজু , ১৩.০৩.২১

41. ।। উপযুক্ত শব্দের অভাবে।।

জীবনের নেয়া পরীক্ষায় ,
কিছু জবাব দি আমি মোক্ষম ভাবে।
কিছু প্রশ্নের ব্যাপারে আবার,
আমি স্পর্শকাতর ভীষণ।
সেইসব প্রশ্নের উত্তর দিতে আমিও কাহিল,
আমারও তখন ভেজে চোখ, ভারী হয় গলা।
তখন অগত্যা উত্তরপত্র রাখতে হয় সাদা,
উপযুক্ত শব্দের অভাবে।

~মহ: রাজু , ২৭.০২.২১

42. ।। প্রেমময়ী স্পন্দন ।।

যদি কোনোদিন ফিরতে ইচ্ছে হয় আবার
যদি আবার ঝাপটে ধরতে ইচ্ছা হয় প্রাণপণ,
শুনতে ইচ্ছে হয় আবার আমার হৃদয়ে স্পন্দন।

এতো দুর্নিবার আকাঙ্খা থাকা সত্ত্বেও,
তবুও আমি বলবো ,
আর ফিরে এসোনা তুমি।
ফিরে এসে অবহেলার সাগরে ,
আমায় ভাসিও না আবার।
আমার বাকি আছে যে ,
এখনো অনেক পথ যাবার।

দেওয়ার পরেও এত তীব্র ক্ষত,
তুমি এখনো শুনতে চাইছো,
আমার হৃদয়ের প্রেমময়ী স্পন্দন।
কিন্তু কে শুনবে আমার ,
সেইসব মেঘলা দিনের,
একলা ঘরের তীব্র ক্রন্দন।

মহ: রাজু , ২১.০৪.২২

43. ।। জ্বলন্ত চিতার গন্ধ ।।

আমাদের দুজনের যা যা ছিলো,
খুব যত্ন নিয়ে গড়া।
সেসব এখন অতীত খুব,
চার্জ এখন শুধূ জ্বলন্ত চিতার গন্ধ,
এখন শ্মশান ভর্তি কেবল মরা।

যে দরজা দিয়ে তোমার আনাগোনা ছিলো ভীষণ,
হ্যা.. সেই দরজাটাই যেখান থেকে হঠাৎ হঠাৎ এসে,
জুড়োতে আমার বুক।

সেই দরজাটা বন্ধ বহুদিন যাবৎ,
ধুলো সন্তর্পনে প্রলেপ লাগিয়েছে দরজার হাতলে।
ফটকে ঝুলছে মন খারাপের তালা।
শত উৎসর্গ, ভূমিকা পার করে এসে,
তাই বোধ হয় আজ আমাদের,
এবার উপসংহারের পালা।

এর আগেও দুর্নিবার ঝড়ে,
বহুবার ভেঙেছে আমাদের সাঁধের একচালা।
কিন্তু আর এর নয় এ প্রহসন, সত্যিই বোধ হয়,
আমাদের এবার উপসংহারের পালা।

তোমার জীবনে দুঃখের অমাবস্যা লাগলো যখন,
তখন কেউ ছিলনা তোমার শিয়রের কাছে বসে।
তখন তুমি ঝড়ের মতোই একা,
আর তোমার পথ তখন চড়াই উতরাই বাঁকা।

এ দুঃখ যাত্রায় সহযাত্রীর লোভে,
খুব ধুমধামেই তুমি আমায় করলে নিমন্ত্রণ।
আমি যে বুঝিনি তা নয়,
তোমার এই মতলব বুঝেছিলাম বিলক্ষণ।

তবুও ফেরাতে পারিনি চোখ কোনোদিন।
খুব ভালোবাসতাম তো, তাই বোধ হয় পারি নি!
ভালোবাসলে বোধ হয় ,
চোখ ফেরানো যায় না ?
সহজ কথা সহজে বোঝা যায় না ?

দুঃখ পর্ব শেষ আজ,
তোমার জীবনে এখন কেবল,

আমোদ - আহ্লাদের হাওয়া।
এখন কত বন্ধু তোমার,
আমাদের বন্ধু, আহ্লাদের বন্ধু, উৎসব - অনুষ্ঠানের বন্ধু।
দুঃখের বন্ধু নিষ্প্রয়োজন আজ ,
তাই আমার উচিত আজ বরং চলে যাওয়া।

তোমার দুঃখে কাতর হয়ে,
তোমার জীবনে জিতেছিলাম প্রাণের মেলা।
শত আলাপের পরে এবার আজ,
আমার বিদায় নেওয়ার পালা।

~ মহঃ রাজু , ২৬.০৮.২২

44. ।।অর্ধনগ্ন শিশুদের তীব্র আর্তনাদ ।।

যদি কখনো মনে জাগে খুব হীনমন্যতা,
অথবা জমতে থাকে নানা অভাব - অভিযোগ,
জীবনের দুঃসময় ও উত্থান পতন নিয়ে ।
তবে একটু কষ্ট করে দেখে এসো গিয়ে।
কলেজ স্ট্রিটের আশেপাশে শুয়ে থাকা ,
অর্ধনগ্ন শিশুদের তীব্র আর্তনাদ।

সাধারণ মানুষের থাকে জীবন সংগ্রাম,
আর ওদের প্রত্যহ জীবনযাপনটাই একটা সংগ্রাম।

তবুও তাদের জীবনে নেই কোনো ,
অভাব অভিযোগের চিঠিভর্তি খাম,
ওরা এখনো শুধুই কেবল মানুষ,
তাদের মধ্যে নেই কেউ - যীশু, রহিম , রাম ।

দুমুঠো ভাত জোগাড় করতেই
তাদের নিত্য বাজাতে হয় যুদ্ধের নিনাদ।

তবুও তারা সংগ্রাম করেই বাঁচতে চায়,
উপভোগ করতে চায় জীবনের প্রত্যেকটি স্বাদ।

তবে তুমি কেনো এতো অল্পতেই ছেড়ে দিয়ে হাল,
রাখতে চাও না আর এ জীবন বহাল ?

~ মহ: রাজু, ২৮.০৩.২১

45. ।। মনোবাঞ্ছিত সুখ।।

যদি কখনো ডাকতে হয় ফিরে।
যদি কখনো আবার তোমার আঙুল,
ছুতে চায় আমার চিবুক।
হয়তো তোমার , আমার বিরহ কষ্টে
ভারি হবে না আর বুক।

তুমি আর দেখিয়া তোমার ওই মুখ,
খুঁজে নিও তোমার মনোবাঞ্ছিত সুখ।
তবে যদি হয় কোনো অসুখ -- বিসুখ,
সে কথা আমাকে জানাতে থেকো নাকো বিমুখ।

~ মহঃ রাজু, ২৮.০৩.২১

46. ।। উৎসবে দুঃখও আছে ।।

যেকোনো উৎসবেই,
হাসি আছে , আনন্দ আছে আত্মহারা,
তেমনি দিনের শেষে দুঃখও আছে
আছে মুষলধারে বৃষ্টি,
আছে অশ্রু নিঃশেষ করা, জনহীন মরুভূমি সাহারা।

~ মহঃ রাজু ,০৩.০৮.২১

47. ।। আমি বরাবরই ভীষণ বৃষ্টি বিলাসী ।।

তাকে ঘিরে থাকতো সর্বদা
ছেলেমানুষী , নির্মল এক আলো,
এখনো বলতে দ্বিধা নেই,
সে ছিল মায়ের মতোই ভালো ।

জীবনের অদ্ভুত এই খেলাঘরে
আমি বার বার কেবল যাই আর আসি
আমি বরাবরই ভীষণ বৃষ্টি বিলাসী।

~ মহ: রাজু, ২৮.০৩.২১

48. ।। সহজবাসা ।।

তোমার জীবনে ভালোবাসা আছে নিশ্চই ?
সহজ বাসা আছে কি ?
তার সাথে যাও যখন,
সাক্ষাৎ কিংবা অভিসারে,
নিজেকে নিজের মতো করেই যেতে পারো কি ?
নাকি তোমাকে হতে হয় তার মনের মতো ?

এখনো তুমি নিজে
নিজের মধ্যে আছো কি ?
নাকি পরিবর্তনের জমকালো,
পোশাকের আস্তরণে ,
ঢেকে গেছে তোমার জীবনের পরিকাঠামো ?

তুমি কি এখনো .
নিজেকে দুঃখিয়ে দুঃখিয়ে .
শুধু অন্যের কথাই ভাবো ?
ত্যাগের নামে বদলে দেওয়াকে কি.
তুমি এখনো ভালোবাসা বলে মানো ?

মহঃ রাজু , ২৯.০৪.২২

49. ।।সেই মেয়েটা ।।

যে মেয়েটা মন খারাপের মেঘলা রাতে ,
বুক ভাসাতো আমার সাথে ।

যে মেয়েটা একটু বকায়
ঠোঁট ফোলাতো ম্লান মুখে ।

যে মেয়েটা বজ্রপাতের শব্দ শুনে,
ভয়ে মুখ লুকোতো আমার বুকে।

যে মেয়েটা সদাই ব্যাস্ত,
আকাশ পাতাল চিন্তা করে।

সেই মেয়েটা হারিয়ে গেছে ,
শহরের এই তীব্র কোলাহলে।

সেই মেয়েটাও বদলে গেলো ,
পাওয়া - না পাওয়ার ক্যালকুলাসে ।

~ মহঃ রাজু ,০৩.০৮.২১

50. ।।জ্বলছে বাড়ি , জ্বলছে বুক ।।

জ্বলছে বাড়ি, জ্বলছে মন
জ্বলছে মানুষের স্নিগ্ধ বুক,
অজ্ঞ মানুষেরা , হিংসার আগুন জ্বালিয়ে
ভাবছে কুড়োচ্ছে তীর্থভ্রমণের পূণ্যসুখ ।

তাদের বুকে জমছে দ্বেষ
আমার বুকে জমছে ক্রোধ ,
সুযোগসন্ধানী শাসক মত্ত হেথায়
তারা শান্তির স্নিগ্ধ বাতাসে
জাতিভেদের বিষাক্ত ধোঁয়া মেশায় ।

ধর্ম কি ? ধর্ম কি পেট ভরায় ?
না কি শান্তিতে মন ভরায় ?
যুগ যুগ ধরে ধর্ম কেবল
ভাই ভাইকে দূরে সরায় ।

~ মহ : রাজু , ১১.০৬.২২

51. ।।আর তাঁকে ভালোবাসি না ।।

তাঁর কথা মনে পড়লে
এখন আর মনে মনে হাসি না,
শত অবহেলা দূরে ঠেলে দিয়ে
আর ফিরে ফিরে আসি না।

বাস্তব তো দূরস্থান
স্বপ্নেও এখন তাঁর কাছে আসি না ,
প্রাপ্তির অদম্য আশায়
আমি আর তাঁকে ভালোবাসি না।

~ মহ: রাজু , ১২.০৯.২১

52. ।। মানুষ এখন পণ্য ।।

এ শহরে থেকেও তুমি
এখনো পার্থক্য করতে পারো ?
মনুষ্যত্ব মৃত নাকি এখনো জীবন্ত ?
কোনটা মানুষ আর কোনটা পণ্য। ?

যে শহরে এখন দশ মিনিটে
গরম খাবার পৌঁছে দেওয়ার প্রত্যাশায়,
সহায় - সম্বলহীন দরিদ্রেরা
করছে নিজের জীবন বিপন্ন ।

~মহ: রাজু , ২৮.০৩.২১

53. ।।একসাথে বৃদ্ধ হওয়া হল না ।।

একসাথে বৃদ্ধ হওয়া হল না,
তাঁর সাথে বৃষ্টিতে ভেজা হল না।

তাঁর ভালো প্রেমিক হওয়া হল না ,
মায়ের ভালো ছেলে হওয়া হল না।

কারোর প্রাণের বন্ধু হওয়া হল না
সর্বোপরি, আমার একজন
ভালো মানুষ হওয়া হল না ।

ভালো ভাবে হয়ে ওঠা হল না কিছুই
সবকিছুই রয়েছে বাকি,
তাঁর অবাঞ্ছিত চলে যাওয়ার পরে
জীবনটাই যেনো এক ফাঁকি ।

~ মহ: রাজু ,১৭.০৮.২২

54. ।। দুর্ধর্ষ মায়াবনের নীলাঞ্জনে ।।

তার সাথে হঠাৎ একদিন হলো দেখা,
এক দুর্ধর্ষ মায়াবনের নীলাঞ্জনে।
একটু আশ্চর্য হলাম ,
তাকে দেখেও বেয়াড়া হৃদয়টা,
রয়েছে এতটা শান্ত।
তাকে দেখেই তো ,
আমার হৃদয়ের হওয়ায় কথা ছিল দিক ভ্রান্ত ।
সেদিন বুঝলাম ,
জীবনের এক গুঢ় সত্য।

মহঃ রাজু , ২৯.০৪.২২

55. ।। সময়ের ঘাত প্রতিঘাতে ।।

সময়ের ঘাত প্রতিঘাতে ,
কত চেনা মানুষ.
হয়ে গেলো একেবারে অচেনা ।
এক সময় যাদের মনের,
ছিলাম আমি অধীশ্বর।
তারাই আজ পাঠালো ,
আমার স্বপ্নের মায়ানগরীর অলিন্দে,
তাদের অশ্বারোহী নারায়ণী সেনা ।

~ মহ : রাজু , ১৭.৫.২২

56. ।। আত্মসমর্পণ ।।

ভাবছি তোর মনের ঠিকানায় খুঁজে দেখবো ,
পাওয়া যায় কিনা কোনো বাড়ি ভাড়ার বিজ্ঞাপন।

আমার মনের রণক্ষেত্রে তুই,
আমায় বারবার করবি আক্রমণ।
আমি কেবল তোর স্নিগ্ধ চোখের দিকে তাকিয়ে,
করবো শুধু বার বার আত্মসমর্পণ ।

~ মহ : রাজু , ১৭.৫.২২

57. ।।ঝড়ের মতোই একা ।।

কখনো কখনো নিজেকে মনে হয়,
এক নিস্তব্ধ নির্জন অববাহিকা।
যেখানে কেউই থাকতে পারে না বেশীদিন,
যে কিনা ঝড়ের মতোই একা ।

নির্জন অববাহিকা, পায়না ব্যাথা,
থাকে সর্বদা চিরসবুজ।
দূরে দাড়িয়ে আকাশ - পাতাল,
ভাবতে থাকে এক অবুঝ।

~ মহ: রাজু , ১০.০৫.২২

58. ।। মস্ত এক নাটক ।।

বর্তমান বিশ্বে চলছে,
মনুষ্যত্ব নিয়ে মস্ত এক নাটক।
ধুরন্ধর ধনীদের নিখুঁত অভিনয়ে,
সহজ সরল গরীব দুঃখীরা হচ্ছে আটক।

অর্থ থাকলে সবকিছুই অর্জন করা যায়,
এ শিক্ষিত, সভ্য, আত্মদম্ভিক ধনীদের বর্বর ধারণা।
তাই আজ ধনীরা মনুষ্যত্ব বর্জন করে .
অসহায় গরীব দুঃখীদের করছে অবমাননা ।

মহঃ রাজু , ০১.০৫.২২

59. ।। পিছুটানহীন যাযাবর ।।

ঘোরা ঘুরি তো অনেক হলো
কিন্তু মন হালকা হলো কই,
সেই তো অন্ধকার ঘরে একলা বসে
সিলিং এর তরে চেয়ে রই।।

ছোটাছুটি করতে চায় না আর,
মন আগের মতন।।
আর ঘুরে বেড়াতে ইচ্ছে হয় না,
পিছুটানহীন যাযাবরের মতন।।

মহ: রাজু , ২৭.০৪.২২

60. ।।গতানুগতা।।

বদলাতে থাকে কেবল
ছিন্নপ্রায় ক্যালেন্ডারের পাতা,
আজও পশুরা বসায় নৃশংস পাশবিক থাবা
সেখানেও নারীরই দোষ খুঁজে, ধ্রুবক থাকে গতানুগতা।

সন্তর্পনে মানা হয় এখনও,
কালো পর্দার দূর্নিবার রক্ষণশীলতা।
তবুও কেন ধর্ষনের খবরে ,
ভরে যায় রোজ সংবাদপত্রের পাতা ?

কেনো আজ নন্দিত নরক,
হাথরস থেকে হাঁসখালি।
মুকুটহীন স্বৈরাচারী শাসকের বর্বরতা দেখে .
মৌন বুদ্ধিজীবীরা দেয় কেবল হাততালি।

~মহ: রাজু , ২৭.০৮.২২

61. ।। বৃষ্টি ভেজার মরশুমে ।।

কালো মেঘাচ্ছন্ন আকাশ , গর্জন হয়েছে শুরু বর্ষণ এখনও বাকি.
তার ভীষণ প্রবল গর্জনে ক্ষতবিক্ষত আমি।
এই ক্ষতবিক্ষতার চোটেই , হয়তো মুছে যাবে আমার নামই ।
তাকে ছোঁয়ার সাধ্য আমার নহে, কেবল খিড়কির ফাঁকে ঝাকি,
সমাপ্ত হলো দুই পশলা বর্ষণ , পুনরায় তা হবে কবে , ব্যার্থ আমি হৃয়স্পর্শে তাকে,
জানি পাবোনা কোনোদিন তারে , তবুও ঝাকি খিড়কির ফাঁকে,
মন আনচান ! মধুর প্রেমের বর্ষণ কি পুনরায় রবে ।
আমি প্রতীক্ষায় বিদ্যমান , বর্ষণ এখনও হয় নাই :
সেই প্রেমের বর্ষণের প্রতীক্ষায়।

~মহ: রাজু , ২৭.০৮.২২

62. ।। আমি আমারদুঃখ বেচি ।।

আমি কেবল লিখতে থাকি,
বানান ফুলের হিমালয়ের মাঝে।
আমি কেবল লিখতে থাকি।
কলমের আঁচড়ে আমি আমার দুঃখ বেচি,
ঢাক ঢোল পিটিয়ে তার খদ্দের খুঁজি।

সাগরের জলে কাছি ভাসিয়ে,
আমি ডুবতে ডুবতে ভাসতে থাকি।

~মহ: রাজু , ০৯.০৪.২১

63. ।।বুকের গভীরে থাকা জলপ্রপাত।।

তুমি কি আমার বুকের গভীরে থাকা,
জলপ্রপাতের কথাটা জানো ?
কতবার আমরা চেঁচিয়ে বাড়ি মাথায় করলাম,
থালা বাসন ছুরলাম তীব্রস্বরে।
এতো সবের পরেও,
তুমি কি এখনো আমায়,
প্রেমিক বলে মানো ?

~ মহ: রাজু ,০৯.০৮.২২

64. ।। হঠাৎ একদিন সব শান্ত ।।

যদি উপলব্ধি হয় দীর্ঘ পরে,
আমি তো আগেই ছিলাম সঠিক ঘরে।
যে ঘর আমায় দিতো এক চিলতে মুক্ত আকাশ,
এক অভিন্ন পরিসর।

সেদিন তোমার সব উপলব্ধিই হবে ভ্রান্ত,
কিছু ঘরের দোর একবার হলে বন্ধ,
শত ধাক্কার পরেও খোলে না সে দ্বার।
এতো চেষ্টায় মানুষ হয় পরিশ্রান্ত
তবুও জেদ - ঘৃণারা হয় না একটুও ক্লান্ত,
এতো কোলাহল পর,
তারপর হঠাৎ একদিন সব শান্ত।

~ মহ: রাজু , ২৫.০৯.২১

65. ।।হয়েছে তারা অন্তর্ধান ।।

যারা পেয়েছে ভালোবাসার নিষ্ঠুর প্রতিদান,
ভালোবাসা যাঁদের বার বার চুরমার করেছে আত্মসম্মান।

ভালোবাসার স্নিগ্ধ শহরে,
তাদের আর কোনোদিন দেখতে পাওয়া যায় নি।
দিনের উজ্জল আলোর মাঝেই,
হয়েছে তারা অন্তর্ধান।

~ মহঃ রাজু , ১৯.০৫.২২

66. ।।অসহায় করুন আর্তি।।

দেখো আজও আমি দাঁড়িয়ে আছির,
এখনো আমি তোমারই স্বপ্নে বাঁচি।
তবুও তুমি কোনোদিনও এলে না পাশাপাশি।

তুমি কেবল দূরে সরে যাও,
হেসে হেসে দূরত্ব বাড়াও।
প্রত্যেকবার তুমি নিজে জিতে গিয়ে,
শুধূ আমাকে হারাও।

আবার যদি কোনোদিন ওই দুটি হাত বাড়াও,
আমার হৃদয়ে যদি আবার নিজেকে হারাও।

~ মহ: রাজু , ১১.০৯.২১

67. ।। ছেড়ে দেওয়া যায় অনায়াসে ।।

কত সমীকরণ পাল্টে যায়,
কত সমীকরণ তৈরি হয়।
নতুন রূপে , একদম অন্যরকম,

কত সমীকরণ আবার নিশ্চিহ্ন হয়,
উধাও হয় সমুদ্রের ফসফরাসে।
হ্যাঁ এটাই জীবন,
এখানেই কেবল হাসিমুখে,
সবকিছু ছেড়ে দেওয়া যায় অনায়াসে।

~ মহঃ রাজু , ১৪.০৯.২১

৬৪. ।।ভরসার আকুস্থল।।

তুমি যেনো একঘেয়ে সরকারি চাকরির দপ্তরে,
মাসমহিনার দিন।
তুমিই আমার ভরসার সেই মহাজনী করবার,
কষ্টের উপার্জিত আধুলি সঞ্চয় করা যায় যেখানে,
আবার প্রয়োজন পড়লে নির্দ্বিধায় নেওয়া যায় ঋণ।

~মহ: রাজু , ২১.১২.২১

69. ।। মোটেই সহজ নয় ।।

তাঁর ডাক উপেক্ষা করা,
মোটেই সহজ নয়।
তবুও চেস্টা করি দুর্বার,
নইলে হবে যে সবকিছু একদিন ছারখার।

তাঁর আশেপাশে আমি,
চেষ্টা করি খুব নির্লিপ্ততার।
নিষ্ঠুর অদৃষ্ট দেখে এসব,
নমুনা দেখায় তার ক্ষিপ্ততার।

~ মহঃ রাজু ,৩০.১২.২১

70. ।।এক অপূর্ণ বিশ্বাস ।।

এক অপূর্ণ বিশ্বাস ,
যা একদিন আমার ছিলো।
যে বিশ্বাস একপ্রকার দায়িত্ব নিয়েই,
ঘোর সংসারীকেও ছন্নছাড়া করে দিলো।

সেই অপূর্ণ বিশ্বাসের তাড়ায় ,
বোহেমিয়ান জীবনের স্বপ্ন ছাড়লাম,
আমিও সংসার করার প্রস্তুতিতে মেতে উঠলাম।

হ্যাঁ! সেই অপূর্ণ বিশ্বাস,
যার জন্যই আমার লেখা হলোনা।
চমৎকার একটা মিলন প্রেমের কবিতা।

হ্যাঁ! কেবল সেই অপূর্ণ বিশ্বাসের জন্যই,
সভ্য সমাজে আর মিললো না আমার ঠাঁই,
আমি আজ ভ্রষ্টা রমণী,
জুটেছে তকমা পতিতা।

হ্যাঁ! সেই অপূর্ণ বিশ্বাস,
যার জন্য আমার,
জলে নামা হলো না আর।
করা হলো না আর কোনোদিন সমুদ্রস্নান।

হ্যাঁ! সেই অপূর্ণ বিশ্বাস,
যার নিখুঁত বুননেই,
বিরহের কবিতা লেখার কালে,
বাষ্প জমে আমার চোখের কোনে।
ভারী হয়ে ওঠে গলা,
পাইনা বানান ঠিক হওয়ার আশ্বাস।

~ মহ: রাজু ,১৪.০৯.২১

71. ।। অনেক বেশী দামী ।।

একটা করে বন্ধু কমলে নাকি,
বইয়ের তাঁকে একটা করে বই বাড়ে।
বন্ধুদের হই হুল্লোড় , আড্ডা দূরে সরে গিয়ে,
নিজের একান্ত আপন জগৎ,
বাকি তখন কড়া নাড়ে ?

কিন্তু আমার কাছে বইয়ের থেকেও ,
একজন প্রকৃত বন্ধু অনেক বেশি দামী।
উদভ্রান্ত দিনে বন্ধুরা পাশে না থাকলে,
হয়তো মুছে যেত আমার নামী।

~ মহ: রাজু , ২১.০৭.২২

72. ।।সন্তর্পনে আড়াল করা দুঃখবিলাস ।।

আমার জীবনে আনন্দের স্থান ছিটেফোঁটাই,
আমার কাছে মূলত,
দুঃখ জমে আছে রাশি রাশি।
তাই হয়তো শুরু থেকেই ,
আমি খুব বৃষ্টিবিলাসী।

কান্নার আরেক নাম নাকি একলা রাতের বৃষ্টির,
চোখের জলই তাহলে কি জমা বাষ্প।
তাহলে বজ্রপাত কি ফুঁপিয়ে কান্নার প্রতিশব্দ।

সারারাত বর্ষণের দীর্ঘ পরে,
প্রভাতে যখন সোনালী আভা চারিদিকে।
সেদিন মেঘ হয়তো আমায় বললো,
কান্না কাটি হল্লা হাটি অনেক তো হলো,
এবার বন্ধ করো,
নিজেকে নিজেই করা জব্দ।

পলাশের গায়ে জমে থাকা ,
সূক্ষ্ম বৃষ্টির কনার প্রতিফলনে,
অভারিত হলো চারপাশ।
সমপাত কিনা জানি না,
হঠাৎ করে আমার,
এবার মাথা চাড়া দিয়ে উঠলো,
সন্তর্পনে আড়াল করা দুঃখবিলাস।

~ মহঃ রাজু , ২১.০৭.২২

73. ।। সেই সমস্ত অপূর্ণ বিশ্বাসেরা ।।

আঘাত রাতের প্রতি ক্ষণে,
সেইসব অপূর্ণ বিশ্বাস গুলো ।
চোখে আঙুল দিয়ে আমাকে বুঝিয়ে দেয়,
আমার ঢেকে রাখা সব,
স্নায়বিক দুর্বলতা।

তবুও আমি স্নিগ্ধতার প্রলেপ দিয়ে রোজ,
বাঁচিয়ে রাখি সেই সমস্ত অপূর্ণতা বিশ্বাসের খোঁজ।

সেই সমস্ত বিশ্বাস যা একদিন আমার ছিলো ,
যে বিশ্বাস আমার নিকষ সাদা - কালো জীবনে,
নানা রঙিন আলপনা এঁকেছিলো।

সেই সমস্ত অপূর্ণ বিশ্বাস ,
একান্ত আমার আপন।
চাই না জীবনসাথী , চাই না আমার কোনো সংসার।
আমি কেবল সেই সমস্ত অপূর্ণ বিশ্বাস নিয়েই,

কোপাই নদীর তীরে

পার করবো আমার জীবন যাপন।

~ মহ: রাজু , ১২.০৭.২২

74. ।।ফিরে ফিরে আসা স্মৃতির ভিড়।।

সম্পর্ক মুছে যায় অচিরেই,
থেকে যায় কেবল স্মৃতিরা।
আর মাঝে মাঝে খুব অনিচ্ছা সত্ত্বেও,
ফিরে ফিরে আসে অপূর্ণ বিশ্বসেরা।

আর সেইসব স্মৃতি ও বিশ্বাস
খুব চিরন্তনশীল,
সেটাই একমাত্র কেবল ,
যা তোমার ছিলো,
আর দীর্ঘ পরেও থাকবে ।

~ মহ: রাজু , ১৫.০৮.২২

75. ।।ভ্রান্ত কথা দেওয়া ।।

আমরা তো কত কথাই দি ,
রাখতে পারি কি ?
মনে আছে ?
আগের স্কুল ছেড়ে আসার সময়,
কথা দিয়েছিলে ঠিক যোগাযোগ রাখবে।

কলেজের শেষ দিনটাতে ,
মার্কশিট হতে নিয়ে বলেছিলে,
"ফ্রেন্ডস ফরেভার"।

শহর ছেড়ে যাবার সময় ,
কাউকে হয়তো কথা দিয়েছিলে,
প্রত্যেক দুর্গাপুজোয় ঠিক একবার আসবে।

সিগারেট খাওয়া নিয়ে,
তুমুল অশান্তির পর,
আলতো করে জড়িয়ে ধরে,

কাউকে কথা দিয়েছিলে,
আর এসব ছাইপাশ কখনো খাবে না।

ভেবে দেখো একটা কথাও কি
তুমি রেখে উঠতে পেরেছো ?
তোমার হাজার পরিস্থিতির দোহাই,
হাজার রকমের অজুহাত ।
কিন্তু কথা তুমি রাখোনি।
মানুষ কখনো কথা রাখে না ।

~ মহ: রাজু , ০৪.০৯ ২১

76. ।।আজ বোধ হয় জবাব দিহির পালা ।।

আচ্ছা ? আমরাও তো পারতাম ,
একে অপরকে আঁকড়ে ধরে জীবনটা কাটাতে ?
আমাদেরও তো হতে পারতো,
এক ছোট্ট মিষ্টি সংসার ?

তবে কেনো তোমার এত ভাঙাচোরা ?
কেনো ? দীর্ঘ শিকড় গজানো গাছ,
উপরে ফেললে একটানে ?
কেনো আমাদের ভালোবাসার ,
অশ্বমেধ অশ্বের বিজয় দৌরথ থামালে একদম সটানে ?

মহ: রাজু , ১২.০৯.২১

77. তারারাও কি ভীষন একলা ?

তারারাও কি ভীষন একলা ?
নাকি তাদের জীবন ,
তাদের আলোর মতোই জমকালো।
তাদের বাগানের মালি কি এখনো আছে ?
নাকি অযত্নে তাদেরও স্বপ্নের বাগান ফুরালো ?

~ মহ: রাজু , ১৪.০৫.২২

৭৪. ।।ঘৃনাদের একদিন মৃত্যু হবে।।

ঘৃনাদের একদিন মৃত্যু হবে,
অভিমান কমবে সময়ের শিথিলতায়।
দূরত্ব আরো গাঢ় হবে ,
কারণ খোঁজা বন্ধ হবে অপারগতার।

ঠিক - ভুলগুলো সংজ্ঞা হারাবে,
উষ্ণরাজ্যেও নামবে তুষার ঝড়।
প্রেমহীনতার কোলাহলময় এই শহরে,
আরও ক্ষীণ হবে তখন আমাদের ভবাদার স্বর।

~ মহঃ রাজু , ০৯.০৮.৩১

79. ।।আমি চাই না মুক্তি।।

তুমি কি আমায় একটু,
আটকে রাখবে স্রোতস্বিনী,
মালার মতো প্রাণপণে গাঁথবে আমায় ?
আগলে রাখবে আমায় ক্ষিপ্ত সমীরণে ?

আমি চাই না মুক্তি ,
চাই কেবল তোমার মায়ার বাঁধন।
বিলাসে ভরা এই অসাম্যের শহরে,
তুমিই আমার একমাত্র সাধন।

~ মহঃ রাজু , ২৫.০৯.২১

৪০. ।।বার বার ফিরে আসিয়াছি ।।

আমি লক্ষাধিক পথ হাটিয়াছি
তবুও বার বার তোমার নিকটেই ,
ভুলিয়া পথ বার বার,
ফিরে ফিরে আসিয়াছি।

পথ নির্দেশ হয়তো আমার হইয়াছিল ভুল,
তবুও ভুল হয় নাই তোমার ঠিকানা।
বার বার ভুল পথে গিয়েও,
শেষে আমি ঠিক পৌঁছাইছি ,
আমার পরম তৃপ্তির মধুর গন্তব্যে।

~মহ: রাজু , ১৬.০৯.২১

৪1. ।।ছন্দমিলের অভাব ।।

জীবনের হিসেব মিলছে না বহুদিন,
শত ব্যার্থ চেষ্টা করেও সব হয়ে যাচ্ছে বেহিসাব।

হবে থেকে তুমি আমার ভালোবাসার বৃক্ষ কেটে,
বানিয়েছো নিজের সুখের আসবাব।
শতবার ব্যার্থ হয়েও ,
আরেকবার শেষ চেস্টা করেই,
আমার বেয়াড়া স্বভাব।

তুমি আমার প্রাপ্তিতে থাকলনা।
তোমার অভাব যেনো ,
অপরিণত বয়সে কবিতা লিখতে বসে ,
ছন্দ মিলের অভাব।

~ মহঃ রাজু , ১২.১০.২১

৪2. ।।লক্ষ্মীটি একটু শোন ।।

লক্ষ্মীটি বলছি শোন,
মানিস না তুই আর আর করোর বরণ।
নিজে এবার একটু সময় নিয়ে ,
খুঁজে নে নিজের ভালো থাকার কারণ।

~ মহ: রাজু , ১২.১০.২১

৪3. ।।যদি তোমার আয়না হতাম ।।

যদি তোমার আয়না হতাম,
সুখকর হতো কতো।
তোমার স্নিগ্ধ শোভন প্রতিবিম্বে,
খুঁজে নিতাম পৃথিবীতে আনন্দ আছে যত।

যদি তোমার আয়না হতাম,
তাকাতে তুমি আমার তরে রোজ।
তুমি দেখতে নিজেকে,
আর আমি পেতাম সপ্তমানিকের খোঁজ।

~ মহ: রাজু , ০৫.০৬.২২

84. ।। স্নিগ্ধতার আশ্বাস ।।

মেঘেরা বারবার ফিরে ফিরে আসে,
দেখায় তীব্র বর্ষণের পূর্বাভাস।
হঠাৎ করে ক্ষিপ্ত রোদ উঠিয়ে ,
কেড়ে নেয় স্নিগ্ধতার সব আশ্বাস।

সারারাত মেঘ জমে জমেও,
ভোরে বৃষ্টি হয় না।
অশ্রুশিক্ত নানা বেদনার
এখন আর নিয়ম করে ,
কারণ খোঁজা হয় না।

মহ: রাজু , ৩০.১২.২১

85. ।। আত্মবিশ্লেষন অথবা সমালোচনায় ।।

দেখা তো হয়েই যায়,
নিজ শিবিরে অথবা সম্মুখসমরে।
কথা তো হয়েই যায়,
আত্মবিশ্লেষন অথবা সমালোচনায়।

প্রেম তো হয়েই যায়,
নিজের অথবা অন্যের সাথে।
বিচ্ছেদ তো হয়েই যায়,
নিজের ভুলে অথবা ভাগ্যের নির্মম পরিহাসে ।

~ মহ: রাজু , ০৫.০৪.২১

৪6. ।।আমি পথ হারিয়েছি ফেরবার ।।

তোমাকে খুঁজেছি আমি বহুবার,
বুকে মেঘ ডেকেছে দুর্বার।
শেষ গন্তব্যে পৌঁছেও ,
আমি পথ হারিয়েছি ফেরবার।

করতে ইচ্ছে হয় ,
তোমার স্নিগ্ধ নদী পারাপার।
আউশ ধান হয়ে ,
তোমার উর্বর মাটি আঁকড়াবার।

~ মহ: রাজু ,০৬.০৪.২২

৪7. ।। মন খারাপের মরশুমে ।।

যখন আমাদের দুজনেরই
কারোর কিছু আর করার থাকবে না।
ভেঙে যাওয়া টুকরো গুলো ,
জোড়া লাগানোর কোনো তাড়া আর থাকবে না।

এক বুক ভালোবাসা থাকলেও তখন,
প্রাপ্তির কোনো তাগিদ থাকবে না।
যখন আমরা দুজনেই খুব বাস্তববাদী,
অল্প আধটুতে আর কাঁদি না।
ভেসে যাওয়া খড়কুটোর সন্ধান করি ,
কিন্তু তাই দিয়ে আর ঘর বাঁধি না।

যেদিন আমাদের মধ্যে ,
থাকবে না কোনো অঙ্গীকার।
যখন আমরা আর থাকবো না আর,
একসাথে থাকার জন্য এতটা বদ্ধপরিকর।

সেদিন আমাদের দেখা হবে ,
আমাদের দেখা হবে মন খারাপের মরশুমে।

~ মহঃ রাজু ,২৬.০৭.২২

৪৪. ।।ভাগ্যের নির্মম পরিহাস ।।

তোমাকে আমি খুঁজতে চাই,
যেভাবে, বিদ্রোহের ছন্দের বিরুদ্ধেই,
বিদ্রোহ করে ওঠেন বিদ্রোহী কবি।
অথবা কোনো শিল্পী যখন,
দ্বার রুদ্ধ করে আঁকতে বসেন,
তার সাধের সেই ছবি।

তবে সে খোঁজা হয়ে উঠছে না একদম,
ভাগ্য করছে নির্মম পরিহাস,
যেভাবে পরিহাস করে রোজগারহীন ছাত্রদের সাথে,
আকাশ ছোঁয়া সিগারেটের দাম।

~মহঃ রাজু , ১২.০৯.২১

৪৭. ।। অন্তত সেকদিন ।।

যতদিন আছি আমি , এই স্তব্ধ চরাচরের বুকে,
অন্তত সেকোদিন তাঁর মৃত্যু সম্ভব নয়,
বিশ্বে এই পাওয়া - না পাওয়ায় হাটে,
আমি ঘুরবো প্রত্যেকটা অলিতে গলিতে।
সিংহল থেকে হিমালয়,
সিন্ধু থেকে মালয় সাগর।

~মহঃ রাজু , ২৬.০৯.২২

৭০. ।। সন্তর্পনে দেখোতো হে ।।

যার কারণে,
তুমি দেখতে পারছিলে নরকের দ্বার।
যার কারণে,
জুড়েছিলে তুমি বিচ্ছেদের আবদার।
যার কারণে,
একসময় তোমার মনে প্রেম জেগেছিল দুর্বার ।
সন্তর্পনে দেখো তো হে,
আমিই কি ? আমি কি সে ?

~মহ: রাজু , ২৭.০৯.২২

91. ।। স্নিগ্ধশুভ্রতা ।।

চারিদিকে ধু ধূ বালুচর,
কংক্রিটের মরুভূমি।
এসব দাঙ্গা হাঙ্গামার মাঝেও,
সে এখনো শান্ত মরুদ্যান।
হাড় জ্বালানো রোদে,
ছায়া তরুর নিশুতির সমান।

~ মহ: রাজু ,২৭.১০.২১

92. ।। আবক্ষ কণিষ্ক ।।

নার হয় হলাম আমি কণিষ্ক,
কেউ চিনলো না আমার মুখ ।
নিরুদ্দেশের পথেই না হয়,
খুঁজলাম আমি স্বর্গসুখ।

নেই কোনো ইদুরদৌড়,
নেই খ্যাতির চকচকে উজ্জ্বলতা।
নেই সফলতার লোভ,
নেই নিজেকে প্রমাণ করার উন্মত্ত প্রগলভতা।

চিনবে না কেউ আমায়,
খুঁজবে না কেউ আমাকে এই ব্যাস্ত শহরে।
তবুও আমি থাকবো আবক্ষ কনিস্কে ।
তবুও আমি থাকবো , দৃপ্তি হারানো মৃত জ্যোতিষ্কে ।

~ মহ: রাজু , ০২.০৩.২২

৭3. ।। এখন আমার ফুরিয়ে যাওয়ার পালা ।।

তুমি এখন ব্যাস্ত ভীষণ,
গাঁথতে নতুন ফুলের মালা।
মনের সঙ্গে দীর্ঘ দ্বন্দ্ব পরে ,
উপলব্ধি হলো ,
এখন আমার ফুরিয়ে যাওয়ার পালা।

ফুরিয়ে যাওয়া কঠিন নয়,
বিন্দু বিন্দু নিজেকে ভর্তি করার মতো।
যখন জানি আরো আমি ,
ফুরিয়ে নিশ্চিহ্ন হলেও আমি।

কেউ খুঁজবে আমায় ,
অচেনা নগরীর ঘরে ঘরে।
বিচলিতির এক কনারাও সন্ধান পাওয়া যাবে না ,
আমি আর ঘরে না ফিরলেও,
সন্ধ্যে নানার পরে।

মহঃ রাজু , ৩১.১২.২১

94. ।। বিরহের সওদাগর ।।

তোমার প্রেমে কাতর হয়ে ,
বয়ে বেড়াচ্ছি আমি বিরহ যন্ত্রণা।
ওদিকে, আমার সর্বনাশের ষড়যন্ত্রে,
চলছে তোমার নিখুঁত মন্ত্রণা

এ বিরহ পর্ব শেষ হবে কবে,
প্রেমের স্নিগ্ধ বর্ষণ কি পুনরায় রবে।

নাকি আমি চিরজীবন রয়ে যাবো,
বিরহের সওদাগর।
বেঁচে বেড়াবো নিজের দুঃখ,
বর্মা থেকে সুদূর আরব সাগর।

~মহ: রাজু , ২৩.০৪.২২

95. ।। আমি সেদিনই শেষ বার অবাক হলাম ।।

যেদিন তোমার মুখ থেকে ,
অপসারিত হলো নিখুঁত রঙিন মুখোশ।

সেইদিন আমি শেষবার শুনলাম,
আমার বিদীর্ণ হৃদয়ের শেষ আর্তনাদ।

সেই দিনই শেষ বার অবাক হলাম আমি,
সেদিন থেকেই আমি অবাক হওয়ার শক্তি হারালাম।
জীবনের লেখা প্রহসনের,
আমায় দেওয়া সংলাপ ভুললাম।

আমি সেদিনই শেষ বার অবাক হলাম,
জীবনযুদ্ধে পরাজয়ের মালা গলায় পরলাম।

~মহ: রাজু , ২৩.০৯.২১

৯6. ।। ঘর ভাড়া নিলাম হতাশার এই শহরে ।।

চোখের ভাষা কি চোঁখ বোঝে,
মানুষ কি কেবল সারাজীবন ধরে মানুষই খোঁজে ?

আমার মনের মানুষ খোঁজার পালা শেষ,
মনের মানুষ আমিও পেয়েছিলাম একখানি,
শেষের পর্ব যখন অবশেষ।

সেই মানুষটাও নিখোঁজ হলো ,
খুঁজলাম আমি শত রাত প্রহরে ,
শেষে আমিও হল ছাড়লাম,
ঘর ভাড়া নিলাম,
হতাশার এই শহরে ।

~ মহ: রাজু , ১১.০৪.২২

97. ।।ভিটেমাটি ছেড়ে উদ্বাস্তু হতে হয়েছিলো যাদের ।।

তাঁর স্নিগ্ধ শীতলতায়,
ঝরে পড়েছে কত গাছের রঙিন পাতা।
এবার কত গাছ আমোদ হেসেছে,
লেগেছে তাতে বসন্তের আভা।

তবুও আমি তাদের দলেই পড়ি,
তাঁর উন্মত্ত ঝড়ের তাণ্ডবে,
টিনের বাড়ির চাল উড়েছিলো যাদের,
ভিটেমাটি ছেড়ে উদ্বাস্তু হতে হয়েছিলো যাদের।

~ মহ: রাজু , ০৯.০৬.২২

৭৪. ।। তুমি ভয় পাও কবিত্বের বদনামে ।।

দক্ষিণের বারান্দায় দাঁড়িয়ে,
তুমি যখন দেখো চন্দ্রকলার রোশনাই।
তোমারও মন করে আনচান,
হৃদয়ের বধ্যভূমিতে তোমারও বেজে ওঠে সানাই।

তবুও মনভূমির এ আলোড়ন ,
তোমার অতি গোপনের সামগ্রী ,
তা বন্দি থাকে গোপন ঘামে,
আসলে তুমি ভয় পাও কবিত্বের বদনামে।

~ মহ : রাজু , ১৭.০৩.২১

৭৭. ।। চিনিবে আমার পদচিহ্ন ।।

একদিন সব ভুল বোঝাপড়ার,
পর্দা মলিন হবে ,
বিস্তৃতির ঘনত্ব সম্পৃক্ত হবে,
সেদিন তুমি চিনিবে আমায়,
চিনিবে আমার পদচিহ্ন ।

~ মহঃ রাজু , ১৬.০৩.২১

100. ।। নির্লিপ্ত মনোরথ ।।

হাতের মুঠোয় সমুদ্রের সফিন বালি,
বহুবার আমিও আঁকড়ে ধরেছিলাম প্রাণপণ।
যতবার ধরেছি আঁকড়ে,
ততবারই ফসকে বেরিয়ে আসার চেষ্টা করেছে সে আপ্রাণ।

তাই অবশেষে নির্লিপ্ত থাকাই স্থির করেছি।
ঝুড়িভর্তি বহু ভালোবাসার ফেরিওয়ালাকে তাই,
দূর দূর করে তাড়িয়েছি।
ভিড় মিছিলে বহুদূর হেঁটে এসেও আমি ,
আবার নির্জন প্রান্তরেই এসে দাঁড়িয়েছি।
তিলে তিলে গড়া ভালোবাসার ইমারত আমি,
ভূমিকম্পের এক কম্পনে হারিয়েছি।

ভালোবাসার উপর বিশ্বাস হারিয়েও ,
আমি তাঁকেই ভালোবেসেছি।

মহ: রাজু ,২৬.০৮.২২

101. ।। সাধের যুদ্ধযাত্রা ।।

ভেবেছিলাম একসাথে যুদ্ধে যাবো,
তুমি থাকবে সপ্তরথে বসে,
আমি থাকবো পদাতিক দলে।
আমি যখন রণক্ষেত্রে ঝড়ের মতো একা,
তখন তুমি জাঁকজমক সদলবলে।

তোমার হাতে ক্ষুরধার তরবারি,
আর আমার হাতে কেবল জরাজীর্ণ এক মসি।

মহ: রাজু , ০৯.০২.২২

102. ।। জ্বলেছি আমি , পুড়েছি আমি ।।

ভেঙে যাওয়া সাধের ঘরের ,
শেষ ইটটুকু আমি ভেঙেছি।
ডায়েরি পোড়ার ক্ষিপ্ত অগ্নিতে,
বহুবার আমি দগ্ধ হয়েছি।

জ্বলেছি আমি , পুড়েছি আমি,
জ্বলেছে আমার হৃদয় শতবার।
দহনের আঁচ পেতে দিনি কাউকে,
নিঃশব্দে ধোঁয়া ঢেকেছি বহুবার।

~মহ: রাজু , ১২.০৩.২২

103. ।। খোলোনি দ্বার তুমি একবারও ।।

কতবার উন্মাদের মতো
ছুটে গেছি তোমার দ্বারে।
খোলোনি দ্বার তুমি একবারও
দ্বার রুখে দাঁড়িয়েই। ছিলে প্রতিবারে।

চেষ্টা জানো তবুও আমি ছাড়িনি তৎক্ষণাৎ,
ব্যার্থ প্রয়াস করেছিলাম আমি সহস্রবার।
শেষে আমিও ক্লান্ত হলাম।
আমারও স্বপ্নভঙ্গ হলো বার বার,
আমিও আশা ছাড়লাম ,
ভাঙা ঘর বার বার নতুন করে সাজাবার।

~ মহ:রাজু , ০৮.০৪.২২

104. ।। ছাই হয়ে যায় প্রায় সবটাই।।

অভিমান পোড়া ছাই , ক্ষুধার্ত বাড়ির উনুনের ছাই,
অ্যাশট্রেতে জমে থাকা ছাই।
জ্বলন্ত চিতার ছাই।
ছাই হয়ে যায় প্রায় সবটাই,
জ্বলন্ত আগুনে খড়কুটো দি না তাই।

দুর্ভিক্ষ এতটাই এখন,
এই জমে থাকা ছাইয়ের মাঝেই
বেঁচে থাকার রসদ খুঁজে পাই।

~ মহঃ রাজু , ১৭.০৮.২২

105. ।।কঠিন থেকে কঠিনতর ।।

আমি নেহাতই ভীতু একজন মানুষ,
নিজেকে জড়াতে ভয় পাই কোনো সম্পর্কে।
তা সে প্রেমের হোক বন্ধুত্বের।

কারণ বদল হয় মানুষের,
বদল হয় সম্পর্কের সমীকরণের।

কখনো সেচ্ছায়, আবার কখনো বা অতর্কে,
জড়ানো সহজ যত,
মায়া কাটিয়ে বেড়ানো কি সহজ তত।

আমার কাছে তা কঠিন থেকে কঠিনতর,
তাই তো থাকি সবসময় খুব জড়োসড়ো।

~ মহ: রাজু , ২১.০৩.২২

106. সেই ছেলেটার কথা মনে আছে ?

তোমাকে হারানোর ভয়ে,
উল্টো গেঞ্জি পরে উন্মাদের মতো ছুটে আসা,
ছেলেটার কথা মনে আছে ?

বিরহের সাগরে দিকভ্রান্ত নাবিক হয়ে,
তোমাকে বাতিঘর রূপে খোঁজা ,
ছেলেটার কথা মনে আছে ?

মনে মনেই তোমায় নিয়ে ছোট্ট সংসার গড়ে,
আকাশ কুসুম স্বপ্নে বিভোর থাকা ,
ছেলেটার কথা মনে আছে ?

সুখ সন্ধানের লোভে ,
জরাজীর্ণ ক্যালেন্ডারের পাতার মতো,
ডাস্টবিনে ছুঁড়ে ফেলে দেওয়া ,
ছেলেটার কথা মনে পড়ে ?

~মহ : রাজু , ০৯.০৮.২২

তোমাকে হারানোর ভয়ে,

উল্টো গেঞ্জি পরে উন্মাদের মতো ছুটে আসা,

ছেলেটার কথা মনে আছে ?

বিরহের সাগরে দিকভ্রান্ত নাবিক হয়ে,

তোমাকে বাতিঘর রূপে খোঁজা ,

ছেলেটার কথা মনে আছে ?

মনে মনেই তোমায় নিয়ে ছোট্ট সংসার গড়ে,

আকাশ কুসুম স্বপ্নে বিভোর থাকা ,

ছেলেটার কথা মনে আছে ?

সুখ সন্ধানের লোভে ,

জরাজীর্ণ ক্যালেন্ডারের পাতার মতো,

ডাস্টবিনে ছুঁড়ে ফেলে দেওয়া ,

ছেলেটার কথা মনে পড়ে ?

~মহ : রাজু , ০৯.০৮.২২

www.ingramcontent.com/pod-product-compliance
Lightning Source LLC
LaVergne TN
LVHW040439051026
849517LV00002B/678
* 9 7 9 8 8 8 8 0 5 1 6 5 8 *